AF267039

L'ARMÉE

ET

LA RÉPUBLIQUE

PAR

G. PETITJACQUES

Prix : 1 fr.

PARIS

PAUL SEVIN, LIBRAIRE-ÉDITEUR

8, BOULEVARD DES ITALIENS, 8

1893

LA
RÉPUBLIQUE

ET

L'ARMÉE

LA
RÉPUBLIQUE
ET
L'ARMÉE

PAR

G. PETITJACQUES

PARIS

PAUL SEVIN, LIBRAIRE-ÉDITEUR

8, BOULEVARD DES ITALIENS, 8

—

1893

LA

RÉPUBLIQUE ET L'ARMÉE

Après les désastres de la dernière guerre, la jeune République, entourée de monarchies haineuses, devait avant tout songer à se défendre. Comme elle venait d'éprouver ce que valent les troupes improvisées, elle semblait résolue à rétablir une armée permanente.

Cependant tout proteste, dans une démocratie, contre la guerre, jeu de princes, et contre l'Armée où tant de forces s'usent en pure perte. Tout proteste aussi contre la servitude militaire : l'Armée apparaît comme la dernière bastille de la barbarie. Il nous fallait la tolérer encore un temps, jusqu'au jour où les autres peuples se gouverneraient comme nous.

Ainsi tiraillés dans des sens opposés, au lieu d'accepter franchement la contradiction et de consentir aux sacrifices nécessaires, nous avons essayé d'accommoder les principes militaires avec nos principes politiques et sociaux. L'antagonisme de ces principes condamnait notre œuvre à être caduque, comme l'est d'ailleurs toute œuvre de transition.

Nous expliquions volontiers nos défaites par l'écrasante supériorité numérique des Allemands. Conséquents à cette idée, nous avons pris à nos vainqueurs le système de la nation armée. Mais des institutions admissibles dans une monarchie qui travaille sans relâche, depuis un siècle, à l'éducation militaire systématique de la nation, s'adaptent mal à un peuple amoureux de liberté et d'égalité. .

Il est difficile, en effet, d'obtenir du citoyen qu'il se plie sans réserve à une discipline honnie partout excepté dans l'armée. On ne laisse pas, à la porte de la caserne, les doctrines qu'on exalte dans la vie ordinaire : un tel renoncement suppose une hauteur de vues qui restera longtemps l'exception, au train dont on fait marcher l'éducation du peuple.

Dans notre état républicain, l'armée devait avoir sa place en dehors de la vie nationale, à l'abri de la politique. Il fallait nous débarrasser d'elle, pour entrer résolument dans la voie des réformes pratiques, et décentraliser sans avoir peur de compromettre la défense du pays. Il fallait la délivrer de nous, car un peuple libre, qui veut bien s'astreindre à la discipline militaire, ne tarde pas à s'y mettre à l'aise. Mais jusqu'ici nos hommes de gouvernement n'ont pas dédaigné de s'appuyer sur l'Armée pour conserver l'ancien ordre de choses. Ils s'estiment satisfaits d'avoir changé la façade et le nom de la vieille maison qu'ils ont héritée de la monarchie. Notre incapacité leur paraît si complète qu'ils entendent nous garder le plus longtemps possible en tutelle. Pour que rien de décisif ne puisse être tenté, ils confient des pouvoirs res- treints à des hommes médiocres : notre indépendance et leur position leur sont également chères. Ils n'ont jamais envisagé que la portée politique des réformes militaires, et dans notre réorganisation, soumise à leurs discussions et à leur agré- ment, l'intérêt de l'armée devait être toujours sacrifié. Nous sommes revenus fatalement au système de la levée en masse. Les Républiques n'ont d'ailleurs jamais eu d'armées passa- bles qu'à force de défaites et de dérogations aux principes, quand l'imminence du péril national contraignait les patriotes à s'attribuer ou à déléguer des pouvoirs extraordinaires. L'éparpillement des pouvoirs, caractéristique de ce gouvernement, ne peut qu'être funeste à l'Armée : c'est la porte ouverte au désordre et à l'indiscipline.

Une armée n'est forte que si elle obéit avec confiance à une volonté souveraine. Il faut que le généralissime décide en toute liberté d'esprit, sans contrôle, sans qu'une influence étrangère puisse intervenir. Un chef d'Etat, qui commande en chef son armée, se trouve évidemment dans les meilleures conditions pour faire converger tous les efforts au même but.

Nous sommes loin de cet idéal militaire, incompatible avec notre idéal politique. L'unité de direction, aussi précieuse pour la préparation que pour la conduite de la guerre, nous a manqué dès le premier jour.

La crainte de laisser trop d'autorité dans une seule main nous a fait méconnaître toute méthode, et nous avons gardé pour couronner l'édifice ce qui devait en assurer la base : l'organisation du commandement. L'aventure du général Boulanger nous a récemment conduits à l'extrême, et nous avons subordonné notre armée et notre marine à des chefs civils. Que faut-il le plus admirer ? Est-ce l'outrecuidance de ces ministres à tout faire, ou la résignation complaisante des grands chefs militaires, qui aiment mieux avoir l'air d'obéir au premier venu qu'obéir réellement à l'un d'entre eux ?

La discipline a toujours manqué dans les hautes sphères de notre Armée. Le premier Empire, à cet égard, fut encore plus mal servi que le second. Les rivalités des généraux, bien plutôt que leur insuffisance, sont la cause profonde de tous nos désastres. On aurait dû parer dès le principe à ce danger, le plus grand qu'un pays puisse affronter de gaîté de cœur, en créant un chef suprême, auquel l'Armée tout entière eût obéi en temps de paix comme en campagne, en subordonnant au généralissime le ministre de la guerre, cantonné dans son rôle administratif [1].

1. Etait-il impossible aux législateurs de prendre des sûretés et de limiter nettement le domaine militaire, en partant de ce principe que

Ce n'est pas au moment de la crise que le commandant en chef peut être utilement désigné. Le général qui, dans l'angoisse de la dernière heure, acceptera le commandement de l'armée, va s'exposer à de cruels repentirs. L'outil qu'on lui donne n'est pas fait à sa main. Il a sous ses ordres une armée qu'il n'a pas organisée, des généraux qu'il n'aurait pas choisis. La mobilisation et la concentration se précipitent et lui imposent un plan qu'il n'a pas conçu. Il prend tout les yeux fermés et s'en remet au destin. Cependant les représentants du peuple et les ministres civils se seront effacés. « A » vous, militaires de profession, l'honneur de conduire à la » guerre cette belle armée que nous avons façonnée sous » vos yeux. Vous n'avez jamais désapprouvé nos actes, et » nous retiendrons, si vous êtes vainqueurs, la plus grande » part de vos lauriers, car nous seuls aurons préparé la » victoire ; mais si vous êtes battus, vous serez seuls responsables de la défaite. Allez donc. et n'oubliez pas que » nos aïeux jetaient à l'échafaud les généraux vaincus. Nous » ne vous perdrons pas de vue, prêts à vous reprendre le » commandement au premier revers, — ou si trop de succès » nous donne ombrage. »

Souhaitons que le pays n'ait jamais à demander compte à ses hommes politiques, d'avoir usurpé le rôle des généraux, ni à ses généraux d'avoir souffert un si honteux, un si dangereux effacement. Dans les jours de détresse, le peuple oublie qu'il est responsable des fautes du gouvernement. Il se souvient qu'il est le maître, quand il s'aperçoit qu'on l'a encore trompé. Nos hommes politiques s'en inquiètent peu, sachant bien qu'ils seront assez souples pour se tirer d'embarras, en détournant sur les généraux toutes les malédictions.

l'Armée, créée pour la défense nationale, ne doit jamais intervenir dans les questions politiques ? L'Armée serait reconnaissante qu'on lui épargnât la déplorable mission de prévenir ou de réprimer les mouvements populaires.

En vérité, nous sommes tous responsables, car nous fermons les yeux pour ne pas voir qu'ils font passer leurs intérêts politiques avant les intérêts vitaux de la République. Ce jeu est d'autant plus criminel, que la forme même de notre gouvernement nous crée déjà une infériorité vis-à-vis d'une monarchie. En effet, dans une République, les représentants du peuple ne déclareront jamais la guerre, tant qu'il restera une chance de l'éviter ou de la retarder. Une Assemblée ne voit ni assez loin ni assez vite pour saisir l'occasion. Le peuple est trop directement intéressé pour que ses élus déchaînent de leur plein gré la tempête. Tout ce qu'on peut nous demander, c'est d'accepter la lutte avec courage, quand l'ennemi aura choisi son heure.

Nous sommes tous responsables, puisque nous ne dissimulons pas notre joie quand on s'attaque à l'esprit militaire. Voyez le succès de certains livres, où les officiers sont dépeints comme des brutes grotesques, ne sachant ouvrir la bouche que pour boire ou jurer. Au-dessus de cette littérature malpropre, combien déplorable est l'esprit d'ouvrages de talent, qui prétendent nous donner un tableau de la vie militaire. Le plus grand de nos romanciers lui-même n'a pas su échapper à la contagion. Où a-t-il ramassé le capitaine Burle, et cet honnête goujat de major, auquel il réserve l'honneur de venger l'uniforme ? Dans quels régiments tolérerait-on de pareilles mœurs, un pareil langage ? Bien des gens, avec de telles autorités, restent persuadés que la plupart des officiers mènent cette vie et parlent cette langue. Dans son dernier ouvrage, admirable à tant de points de vue, nulle part on n'aperçoit le rôle tutélaire de l'officier, autour duquel les hommes se serrent si étroitement en campagne, rôle si noblement tracé par le général de Marbot dans sa campagne de 1812. Tous les chefs sont ineptes ou indifférents ; aucun d'eux ne fait pleinement son devoir. Bien qu'il soit convenu que le peintre et le poète peuvent fausser l'his-

toire à leur guise, ce livre confirmera beaucoup de gens dans
leur haine du militaire.

Car, si tout le monde fait bruyamment profession d'aimer
l'Armée, combien peu osent la défendre ! Notre amour de
l'Armée, dérogation hypocrite aux grands principes, n'est
qu'une concession temporaire. Il est superficiel, et passe avec
le régiment qui passe. Nous avons tout fait pour diminuer
le prestige du militaire : l'omnipotence civile s'est affirmée
partout. Dans les cérémonies officielles, nos officiers doivent
prendre une singulière idée de l'estime où nous les tenons,
quand ils attendent leur rang de préséance, après les pions
et la police. Et quand à la fin leur tour est venu, leur chef,
vieux guerrier blanchi sous le harnais, rendra l'hommage à
un fonctionnaire quelconque, qui daignera assurer l'Armée
de sa condescendance.

Le militaire tremble aujourd'hui devant les hommes qui
vivent de la politique. Les journaux peuvent le vilipender
impunément ; les députés n'hésitent plus à porter des dénon-
ciations à la tribune, à réclamer des mesures contre un
officier. La vie des régiments n'est même plus à l'abri des
influences civiles qui imposent des punitions pour les uns, des
faveurs pour les autres. L'officier redoute, avec raison, de
pareils procédés. Il sait tout recours dérisoire, plus nuisible
qu'utile. Il sait qu'il faut un grand courage à ses chefs pour
le défendre. Beaucoup d'entre eux ne se soucieront pas de
compromettre leur carrière par une résistance opiniâtre à
l'injustice que réclame un journal ou un homme influent. Il
s'en trouve même qui se mettront à couvert par une punition
préventive, pour parer à toute éventualité, et s'assurer, par
cette mesure « énergique », la haute approbation de la presse.
Le courage civil est bien plus difficile et aussi rare que partout ailleurs dans la servitude militaire.

Il y a beau jeu pour la calomnie, et les cas où elle s'exerce
deviennent plus fréquents tous les jours. N'avons-nous pas en-

tendu crier haro sur des malheureux qu'on chargeait de tous les crimes, sans que la voix d'un chef osât s'élever en leur faveur ? Il y a beau jeu pour l'arbitraire. N'avons-nous pas vu des amiraux, des généraux, des colonels tombés en disgrâce ou punis pour avoir déplu à un résident ou à un préfet ? Et ces officiers courbent la tête, effarés, muets. La calomnie leur fait peur, parce qu'elle leur est mortelle, alors que, pour un citoyen, la tache ressort moins sur le fond et s'efface en quelques jours.

Les chefs de notre Armée, pour arriver ou pour se maintenir, sont obligés désormais d'être obséquieux envers les ministres, les députés, les fonctionnaires, qui peuvent tout pour ou contre eux. Ils doivent aussi se préoccuper d'avoir une bonne presse, car la presse mène tout dans une démocratie. C'est pourquoi nous en voyons qui ne manquent jamais l'occasion de proclamer leur déférence pour les journalistes, faiseurs de renommée ou de honte, selon leur bon plaisir. Les bureaux des ministères et des états-majors, le cabinet des généraux s'ouvrent à deux battants devant les rois du jour. Pendant les manœuvres, le plus aimable des officiers d'ordonnance est mis à leur disposition, pour donner des renseignements, et surtout pour éviter, à force de courtoisie, qu'une note discordante ne se glisse dans le concert des louanges. Tout est combiné pour leur plaire, pour obtenir leurs applaudissements.

Le chef ambitieux devra garder toute sa sévérité pour les officiers de profession, et flattera prudemment les officiers des réserves, car il est probable que, dans leur nombre, l'uniforme déguise pour quelques jours des citoyens influents. Pour la même raison, il sera paternel avec le soldat, enjoué avec le peuple. Il parlera beaucoup. Tant mieux si l'on publie ses allocutions, ses ordres du jour : son nom se répand et finira par s'imposer au choix du Conseil des ministres. L'amitié d'un journaliste influent lui vaudra mieux que du génie !

La réclame, tremplin accoutumé de nos hommes politiques, commence à gangrener l'Armée. Nous lui devons déjà le général Boulanger, qui, dans un autre temps, fût resté un officier de mérite. La presse, et derrière elle toute la nation, sont coupables du danger que la France a couru et de la souillure qu'elle a gardée.

Avec nos tendances démocratiques, l'esprit militaire, âme et patrimoine de l'Armée, ne pouvait que perdre en s'étendant à tout le peuple. On travaille à « civiliser » l'Armée, comme nos ennemis ont travaillé à « militariser » leur nation, systématiquement. Pouvons-nous espérer que la même fin couronnera des œuvres inverses?

Malgré les naïves déclarations de nos ministres, contents d'eux-mêmes à peu de frais, mais assez incompétents pour qu'on puisse les croire sincères, l'organisation du commandement, condition essentielle d'une bonne armée, est aujourd'hui plus loin que jamais d'être assurée. « Actuellement, la » valeur des troupes est plus étroitement liée que jamais à » la valeur des chefs. Les Armées seules qui sont formées » dans des conditions saines et bonnes auront de bons géné- » raux pour les commander. Ceux-ci n'arrivent plus dès que » le favoritisme, l'esprit de clique et de parti parviennent à » jouer un rôle, dès que la souplesse et la soumission sont » plus estimées que la sincérité et la fidélité à ses con- » victions [1]. »

Nos organisateurs, qui jugent l'Armée invincible d'après des défilés appris par cœur et des charges face aux tribunes, feraient bien de méditer cette leçon qu'un ennemi semble avoir écrite pour eux, avant de célébrer si haut l'heureux succès de leurs efforts.

Jamais une considération étrangère à l'Armée ne devrait intervenir dans le choix d'un chef. Nul n'ignore cependant

1. Von der Goltz, la *Nation armée*.

que des considérations politiques ont accéléré ou retardé le choix de bien des généraux. Gambetta s'est vanté le premier de les réduire à « faire leur soumission ». Depuis lors, ils ne sont guère arrivés qu'en donnant des gages, à condition de laisser faire. Celui qui depuis quinze ans est considéré comme le plus capable de diriger l'ensemble de nos armées, celui en qui nous espérons un grand capitaine, n'a pu être introduit que depuis peu, furtivement et au troisième plan. D'aucuns ont parcouru les derniers échelons dans une posture plus politique que militaire, ce qui les a fort mal préparés à de simples manœuvres. Les talents se mesurent aux services politiques rendus ou attendus. Et le nouveau moyen de parvenir se propage, prouvant que la corruption de nos mœurs politiques a profondément entamé l'esprit militaire.

Il est grand temps de remédier à ce mal. Proscrivons de l'Armée toute influence politique, et faisons le silence autour d'elle. Donnons-lui l'autonomie, et le chef qui la commandera pendant la guerre. Mettons franchement le généralissime au-dessus des changements politiques, avec des pouvoirs assurés pour une longue période. Il a besoin d'une telle autorité que toute résistance soit étouffée dans son germe. Il aura la tâche difficile de rétablir l'esprit militaire, de débrouiller le chaos de l'organisation, d'en simplifier le mécanisme et de le mettre à son point. Son pouvoir doit être absolu dans le domaine militaire; toute décision concernant le personnel lui appartiendra sans contrôle.

De qui le généralissime tiendra-t-il ses pouvoirs? Dans une République, il semble nécessaire et logique que l'Armée désigne elle-même son chef. Par exemple, les généraux de brigade pourraient le choisir parmi les généraux de division. L'appareil solennel dont il conviendrait d'entourer cette élection diminuerait les inconvénients du système. Les généraux électeurs se réuniraient sous la présidence du Chef de l'État, qui leur rappellerait la grandeur de leur mission et procéderait au vote, sans autre préambule. Les résultats connus seulement des cinq votants les plus anciens, chargés du dépouillement sous la direction du Chef de l'État, seraient tenus secrets. Le nom du généralissime élu serait seul proclamé devant les Chambres. On confierait au généralissime, à titre d'indication, les noms de ses successeurs éventuels, ce vote unique devant assurer le commandement pour toute la période. Certes, le principe et le moyen sont discutables, mais tout vaut mieux que laisser ce choix au Conseil des ministres ou aux Chambres, dont l'incompétence est évidente et suffisamment démontrée.

Sous un chef investi de tels pouvoirs, l'Armée retrouverait vite la cohésion et l'harmonie parfaite, et la République, enfin récompensée des sacrifices qu'elle s'impose, atteindrait bientôt l'apogée de la puissance militaire, seule sauvegarde de nos progrès politiques.

Les nations armées se lasseront d'une paix aussi ruineuse que la guerre, et d'où nulle solution ne peut sortir. La première qui se sentira à bout de souffle en appellera aux armes, préférant les chances de la lutte à l'humiliation de désarmer sans coup férir.

Il aurait été prudent d'attendre cette crise et les bouleversements qu'elle pourra produire en Europe, avant d'adopter le système de la nation armée, dont la valeur militaire est à l'inverse des progrès politiques et sociaux.

Une fois de plus, la qualité l'eût emporté sur le nombre.

*
* *

Si les sacrifices que la République s'est imposés sont énormes, il n'est pas prouvé qu'ils aient toujours été judicieux. Nous nous sommes jetés dans une entreprise insensée, quand nous avons prétendu organiser une armée de 4 millions d'hommes. Si la folie du nombre n'avait pas fait le jeu de nos tendances égalitaires, nous aurions compris que la puissance militaire n'augmente pas indéfiniment avec l'effectif des troupes. Il est une limite au-dessus de laquelle le nombre n'augmente plus qu'aux dépens de la valeur.

Nous en serions restés, sans doute, au service de sept ans et au remplacement, admis pour le temps de paix après un an de service. « Ce n'est pas en quelques mois que les sol- » dats apprennent l'esprit militaire, l'amour du drapeau, le » tact des coudes et des cœurs qui font les armées propres à » gagner les batailles, dès le début des campagnes. A Wa- » terloo, il y avait des soldats rappelés qui avaient fait les » campagnes de 1813 et 1814, avantage que n'ont pas nos » hommes. On en forma quelques bataillons de la jeune » garde qui se battirent médiocrement. « Il n'y avait pas » assez longtemps, a dit plus tard Napoléon, qu'ils man- » geaient la soupe ensemble. » Mot profond et vrai qui fait » sentir tout ce qu'a de vicieux le système. » (BUGEAUD.)

Nous aurions sans doute une armée de 4 à 500,000 soldats, parfaitement encadrée, toujours à l'effectif de guerre, pourvue dès le temps de paix des états-majors et de tous les services, et groupée en 4 ou 5 armées sous le commandement suprême du généralissime. On aurait fait aux officiers, moins nombreux de moitié [1], une position brillante, pour pouvoir les trier dans l'élite de la nation. Ils auraient droit à la retraite proportionnelle après vingt ans de service, et fourniraient, avec une raisonnable proportion d'officiers de réserve bien choisis, les cadres d'une milice absolument distincte de l'armée. Cette milice, composée de tous les citoyens valides de 21 à 32 ans, astreinte à des périodes d'instruction, aurait pour noyau solide les anciens soldats, auxquels on eût fait des avantages. Son organisation serait exclusivement

---

1. Une armée de 500,000 hommes comporterait au plus 100 régiments d'infanterie.

régionale[1]. Les dépenses seraient sensiblement diminuées, et une telle réserve permettrait à l'armée de prendre, dès la déclaration de guerre, une offensive foudroyante, avec des troupes de soutien assurées, sans avoir à craindre pour ses communications ni à faire de détachements.

Nous avons mieux aimé réduire le temps de service pour donner à tous les citoyens une instruction militaire également mauvaise. En réalité, nous n'avons plus, en fait d'armée permanente, que les officiers et les sous-officiers engagés. Plus que jamais on peut dire : tels officiers, telle armée. Nos troupes, ralliées le jour de l'entrée en campagne, ne vaudront que par l'énergie des cadres. Il est donc intéressant de voir la situation faite aux officiers dans la nouvelle armée, et de chercher dans quelle mesure ils ont su résister aux coups de l'esprit démocratique.

Autrefois nous exigions des seuls officiers qu'ils fussent, par état, toujours prêts à donner leur vie pour nous défendre. Nous leur faisions, en récompense, une place d'honneur dans notre société, persuadés que l'officier perdrait l'amour et l'orgueil de sa profession à mesure que cette profession perdrait de son prestige. Nous leur accordions des privilèges extérieurs, pour augmenter en eux le sentiment de leur valeur personnelle et de la noblesse de leur rôle.

Du moment que nous adoptions le service obligatoire, pourquoi aurions-nous laissé aux officiers une situation privilégiée? Toute auréole d'héroïsme disparaissait, puisque leurs devoirs devenaient ceux de tous les citoyens en état de porter les armes. Ils n'avaient plus qu'un métier comme les autres, celui d'instituteurs militaires.

---

1. En cas de guerre, les Chambres mettraient une partie ou la totalité de cette milice à la disposition du généralissime. Le législateur, dans les lois d'organisation de cette force armée, saurait trouver les plus sérieuses garanties pour nos libertés. La milice pourrait concourir, dans certains cas, à la police intérieure.

Les officiers ont cruellement souffert de cette déchéance. Ils étaient bien les premiers des Français quand ils étaient seuls à consacrer leur vie au service de la France, quand ils faisaient vœu de servitude et de pauvreté pour sauvegarder l'indépendance et la richesse nationales. C'était la ruine du dernier ordre de chevalerie !

Leur rancune s'aggravait par la vision très nette des dangers qu'allait courir la France. Ils prévoyaient bien, eux qui avaient vécu dans le culte de la patrie, de la hiérarchie, toujours prêts au sacrifice, que l'égoïsme des sectaires aurait vite démoli l'armée, qui puise toute sa force dans le principe d'autorité. Ils pressentaient même que le temps était proche où les préoccupations politiques s'effaceraient devant les préoccupations sociales, où le socialisme triomphant s'attaquerait à l'idée de patrie. C'était l'écroulement de toutes leurs illusions !

Ne faisons pas un crime à ceux qui ne se rallient pas aux idées démocratiques ! De bons officiers doivent avoir la religion des principes qui faisaient leur force, bien que ces principes nous paraissent faux, grâce à notre compréhension plus large de l'humanité.

On peut craindre cependant que ceux-là ne voient plus clair et plus juste, qui considèrent de plus près un champ plus étroit. C'est du temps présent qu'il s'agit, du présent qui décidera de l'avenir, et nous ne sommes pas seuls en Europe.

Les bons officiers doivent être plus officiers que citoyens, — nous semblons l'avoir admis quand nous les avons privés du droit de vote. — Ils ont ressenti du haut en bas de la hiérarchie toutes les injures faites à quelques-uns d'entre eux, ils ont saigné à chaque blessure reçue par l'armée. Au chant du coq, ils étaient reniés trois fois et livrés aux bêtes.

La multitude des soldats qui passent sous les drapeaux, se renouvelant sans cesse, recrues, réservistes, dispensés, territoriaux, l'immensité du matériel à créer et à entretenir, imposent aux officiers un travail excessif. Et ce travail est ingrat : ils ne travaillent pas pour eux : ces gradés et ces soldats qu'ils s'épuisent à instruire ne reparaissent plus au régiment, puisqu'en décrétant la nation armée, nous avons écarté le recrutement régional, condition essentielle du système. Les officiers ne connaissent plus leurs hommes ; l'attachement mutuel, où ils trouvaient autrefois la récompense de leurs soins et le meilleur renfort d'autorité, n'a plus le temps de prendre racine. C'est à peine, avec l'avancement sur l'arme et les mutations continuelles, s'ils ont le temps de se connaître entre eux : la camaraderie a bien perdu de son charme. Peu nous importe qu'ils soient mécontents de leur sort ! Ne sont-ils pas faits pour obéir et se taire, ces derniers adeptes du principe d'autorité ? Et nous trouvons un secret plaisir à bousculer leurs idoles, à les humilier dans ce qu'ils ont de plus cher, trop intolérants pour laisser le petit troupeau brouter à part, à condition qu'il ne s'écarte pas. Il convient d'insister sur un des points les plus douloureux, pour bien montrer quel peu de cas nous faisons de leurs susceptibilités légitimes.

Les officiers en retraite, souvent très usés, et les officiers démissionnaires, encore peu nombreux, ne pouvaient suffire à encadrer la nation armée. Nous étions loin de compte, et nous avons dû prendre, parmi les anciens mobiles, les engagés conditionnels et les sous-officiers, tous ceux dont on pouvait à la rigueur faire des officiers auxiliaires. Il y en a eu trop d'appelés, tous élus.

Les sous-lieutenants de réserve, en passant dans l'armée territoriale, ont fourni à cette armée tous ses officiers subalternes. A défaut d'autres ressources, on les a nommés, dès qu'ils ont eu l'ancienneté de grade exigée par la loi, lieutenants, puis capitaines. Cet avancement stupéfiant pouvait à bon droit donner ombrage aux officiers de carrière. Les capitaines retrouvaient leurs anciens soldats capitaines comme eux, les sous-lieutenants voyaient leurs anciens sous-officiers passer avant eux capitaines. Un engagé conditionnel était promu capitaine après un an de service comme soldat, quatre ou cinq périodes d'instruction comme sous-lieutenant de réserve et lieutenant de l'armée territoriale, soit après quatre mois environ de service effectif comme officier, alors qu'il fallait en moyenne treize ans dans l'armée active pour obtenir ce grade, en passant par l'Ecole polytechnique ou par Saint-Cyr.

On vient même de nommer chefs de bataillon d'anciens engagés conditionnels, alors que la plupart de nos officiers prennent leur retraite comme capitaines, et doivent encore cinq années de service dans les réserves, où ils les retrouveront. C'est aller trop loin. Les Allemands, moins pressés que nous, ont pour règle de ne jamais nommer au grade supérieur un officier de réserve ou de landwehr, avant qu'il soit plus ancien que le plus ancien officier de ligne du même grade. Si les circonstances ne nous permettaient pas de suivre cette sage méthode, nous pouvions du moins, pour assurer le prestige de nos officiers de réserve, les choisir avec soin, en tenant compte de la position sociale et de l'éducation plus encore que de l'intelligence[1], et ne pas les accabler d'un avancement ridicule.

Nous avons agi sans ménagements, et il est fort naturel que les officiers n'aient pas accepté les collègues que nous prétendions leur imposer. Le dernier de leurs privilèges, l'uniforme, venait de tomber dans le domaine public. Ils ont l'ordre de faire bon visage aux intrus, mais l'amertume et

---

1. L'Armée permanente étant d'essence despotique, il est enfantin d'appliquer à sa constitution les principes démocratiques, ces principes exigeant qu'on la supprime tout d'abord. Si nous sommes obligés de la tolérer, il faut lui laisser ses éléments de force, pour que du moins notre sacrifice ne soit pas inutile.

l'aversion percent sous la cordialité commandée, et se traduisent par mille vexations. Les officiers des réserves se
sentent accueillis par force. Electeurs aujourd'hui, peut-être
élus demain, de quel droit leur nier la compétence universelle du citoyen français ? Puisque « les idées générales et
la faculté d'assimilation » dispensent de toute étude spéciale,
puisqu'il est inutile d'être marin pour commander la flotte ou
soldat pour commander l'armée, pourquoi ne feraient-ils pas
a fortiori d'excellents capitaines? Ils sont blessés de l'esprit
exclusif des officiers, et leur rendent défiance pour défiance,
épiant leurs faiblesses, heureux d'en trouver parmi eux qui
ne justifient guère les prétentions aristocratiques de leur
caste[1]. Ils se consolent par le dédain railleur qui convient
envers une minorité impuissante et vexée. Quelques-uns
tranchent du bon prince : conscients de leur force, ils se
mettent à l'aise et prennent le dé.

L'esprit de secte conduit toujours à l'extrême : Les officiers ont tort de juger l'ensemble des officiers des réserves
d'après des exceptions malencontreuses, ou même d'après les
zélateurs agaçants qui produisent partout, sans nécessité, —
mais non sans grâce, — leurs uniformes chargés de galons.
Ceux-là ne sourcillent pas quand on les appelle la vieille

---

1. Le corps des officiers, pour être homogène, ne doit pas admettre de
catégories. Autrefois, les officiers sortis du rang avaient une expérience de
la troupe, qui ne compense plus, chez nos élèves des écoles de sous-officiers, de l'infériorité de l'instruction générale et parfois de l'éducation. Au
dessus de cette catégorie trop nombreuse, nous avons les officiers sortis de
Saint-Cyr, de l'Ecole polytechnique, et enfin la nouvelle aristocratie créée
par l'école de guerre. Le recrutement à cette école gagnerait à la suppression du concours d'entrée où les qualités naturelles ne comptent pour rien,
et surtout à la suppression du brevet de supériorité qu'elle décerne à des
sujets très distingués comme à des sujets très ordinaires. On retourne
d'ailleurs aux anciens errements. Le ministère et les états-majors regorgent
d'officiers brevetés, devenus légion, qui savent éviter les stages dans les
troupes. Nous avons beaucoup à faire pour simplifier le service d'état-major
autant qu'en Allemagne, où le nombre des emplois ne croît pas avec le
personnel qui veut être employé.

garde de la République. Nulle flatterie, nulle faveur ne peut les étonner. Mais il en est de plus modestes, qui se font un devoir d'accepter la lourde charge des convocations bisannuelles, bien qu'elles dérangent leurs affaires et se traduisent souvent par des pertes d'argent. Jaloux d'être à hauteur de leur grade inattendu, la plupart ont acquis des connaissances très suffisantes pour faire d'utile besogne sous les balles ennemies, qui frapperont sans distinction d'origine. Pourquoi expieraient-ils le manque de tact des ministres qui, pour se glorifier plus tôt d'avoir complété les cadres, ont pris au tas les gens de bonne volonté ?

C'est là un fâcheux état que tout le monde s'accorde à dissimuler, parce que la lumière fait tort à tout le monde. Il va sans dire que le grief n'existe plus dans les hauts grades, qui, par conséquent, s'en désintéressent; mais il n'est que trop fondé pour les officiers subalternes, c'est-à-dire pour les neuf dixièmes du corps des officiers. Fera-t-on jamais un tout bien uni de ces éléments disparates, dont les aspirations, par état, sont contraires?

Le mal est d'autant plus grave que désormais, dans tous les régiments, les corps d'officiers sont bouleversés le jour de la mobilisation. La formation des états-majors, l'encadrement des troupes de deuxième ligne, les missions spéciales forceront à remplacer une grande partie des officiers de ligne par des officiers de réserve. La cohésion des régiments actifs ne gagnera pas à ces chassés-croisés. Pour les régiments mixtes, qui marcheront immédiatement derrière les troupes de ligne, l'imprudente loi sur les réserves vient de mettre le désordre au comble. On avait d'abord imaginé de subordonner les éléments meilleurs à des éléments moins bons, en plaçant dans chaque compagnie territoriale un lieutenant de ligne et des adjudants-majors de ligne auprès des chefs de bataillon territoriaux. Il semble maintenant qu'on renonce aux officiers territoriaux, qui d'ailleurs refusent de rentrer dans la réserve, où les charges en temps de paix sont deux fois plus lourdes. Le ministre admet, qu'en cas de guerre, les régiments actifs peuvent disposer de trois officiers supérieurs, sept capitaines et quatre lieutenants[1]. Il songe à compléter cet excédent. Nous faudra-t-il entretenir, à côté du cadre de chaque régiment, un cadre supplémentaire haut-le-pied? Ajoutez à cela que partout, à peu d'exceptions près, les officiers verront pour la première fois leurs hommes au moment d'entrer en campagne. La mobilisation devient une sorte de « ralliement » après lequel les cadres ne connaîtront plus leurs généraux ni leurs soldats. Nous sommes revenus aux régiments improvisés.

Aussi était-il imprudent de détruire l'unité du corps des officiers et d'y introduire des germes de mécontentement.

Tout le mal vient d'en haut. La direction suprême est passée par tant de mains que notre organisation est faite de demi-mesures, de pièces et de morceaux. Nous avons vainement remplacé les ministres éphémères par des ministres incompétents : les bureaux ont gardé leur indépendance. De là, dans l'ordre administratif, le fatras inextricable de décisions modifiées et replâtrées par des circulaires incessantes. De là les continuels changements de la constitution même des formations de guerre, et l'ahurissement des bureaux de recrutement, qui remanient sans espoir les contrôles spéciaux. De là, enfin, l'irrégularité de l'action hiérarchique qui expose les officiers à de trop fréquents à-coup.

Autrefois, les régiments avaient des traditions. Les colonels s'y soumettaient dans une certaine mesure : elles servaient de régulateur. Des éléments bien soudés entre eux ont une force propre ; au contraire, des éléments hétérogènes ne

---

1. A quoi donc servent en temps de paix ces 14 officiers par régiment, avec les effectifs piteux de l'infanterie, quand ils ne sont pas indispensables avec les effectifs complets? C'est encore pis dans la cavalerie et les armes spéciales.

valent que par la volonté qui les groupe momentanément et sont à la merci de cette volonté. Aussi le chef de corps possède-t-il aujourd'hui une influence trop absolue, qu'elle soit bonne ou mauvaise. Quand il change, tout est changé dans le régiment. Les officiers souffrent beaucoup de ces variations brusques.

Pris entre l'enclume et le marteau, le colonel a un rôle particulièrement délicat. S'il défend les intérêts de ses officiers, si, par exemple, il essaie de les ménager, il risque fort d'être rappelé à l'ordre. Il peut se heurter à un de ces généraux qui jugent sur le papier du travail des troupes, par les tableaux de service et des comptes rendus innombrables, qui prétendent soumettre les officiers, pendant trente ans, au même entraînement qu'on impose aux soldats pendant quelques mois. S'il persiste dans ses bonnes intentions, il sera forcé de faire des comptes rendus menteurs, tant certaines exigences sont invraisemblables. Pas de repos entre les divers exercices qui ne soit comparé avec le tableau de service du régiment voisin. La palme est au colonel qui ne laisse souffler personne. On dit qu'il faut demander trop pour obtenir assez : rien de plus absurde pour un chef, c'est le plus sûr moyen de perdre son crédit. N'y a-t-il pas des divisions, des corps d'armée même, où les tirs sont soumis à un pour cent minimum, au-dessous duquel des questions, des reproches, voire même des punitions sont envoyés à coup sûr. La monomanie du détail et de la comparaison conduit à des sottises. Un général ne peut pas admettre qu'on le trompe, et, par conséquent, ne doit pas pousser ses inférieurs à le tromper. Le commandement ferait bien de renoncer à toutes les paperasses inutiles et de contrôler moins rarement les méthodes d'instruction, sans demander l'impossible ni gêner la légitime initiative des divers grades.

Pour les officiers, le travail intellectuel devrait gagner beaucoup à la modération du travail physique. Il est fâcheux que certains chefs de corps puissent abuser de leurs officiers, dans l'espoir de se mettre en relief. La juste mesure serait mieux et plus généralement observée si le chef suprême se souciait de ce qui se passe dans les corps de troupe, et faisait pénétrer jusqu'à eux son action régulatrice, toujours bienveillante et large. Le bien du service exige une parfaite réciprocité de dévouement entre les différents grades. La discipline ne va pas chez les officiers sans la confiance et l'affection. Pour établir cette bonne discipline, il faut que le chef de corps se sente à la fois soutenu et retenu. Nous remontons toujours jusqu'au chef suprême absent, de qui doit procéder l'esprit du corps des officiers.

*
* *

Ces quelques observations paraîtront certainement inspirées par un parti-pris politique ou professionnel, car nous nous empressons de condamner l'opinion fâcheuse qui essaie de troubler notre optimisme béat. L'esprit public retourne à la veulerie qui a permis à l'Empire de nous mener jusqu'au désastre. C'est la seconde fois qu'il ne nous manque plus un bouton de guêtre. Nous affectons la confiance, legs suspect de l'enthousiasme boulangiste, pour nous absoudre à nos propres yeux de l'égoïsme épicurien qui nous fait trop vite oublier l'affreuse défaite. Nous voulons à tout prix vivre en dilettantes, dans des demi-réalités, dans le clair-obscur. La lumière crue nous blesse et nous fait crier.

Le vrai républicain est celui qui veut qu'on sauve la République. Les peuples sont lents à sortir de leur vieille stupidité : ils ne semblent pas pressés de se déclarer nos frères, et les tyrans sont plus que jamais nos ennemis. Nous pouvons avoir à nous défendre contre toute l'Europe, et la République doit fléchir au temps pour n'être pas brisée.

Nous voulons la République et nous devons préparer la guerre : il faut plier momentanément nos exigences politiques aux exigences militaires, pour mieux assurer la victoire à nos idées.

Faute de savoir consentir franchement à des sacrifices nécessaires, nous en arrivons à n'avoir plus que des troupeaux armés, dont la valeur décroît comme les effectifs croissent, et plus vite, car les éléments de cohésion s'amoindrissent en même temps.

La supériorité politique du régime démocratique réside dans une répartition plus équitable, et par suite dans l'affaiblissement de l'autorité. Le principe d'autorité peut être arbitraire et détestable, mais il fait la force des armées. Aussi notre République devait-elle mettre l'Armée en dehors de la vie nationale.

Il faut que l'organisation militaire corresponde au génie de la nation : aussi le système de la nation armée, qui avait réussi aux Prussiens, ne pouvait-il nous convenir.

La guerre de 1870 n'a été qu'une surprise. Nos malheureuses troupes, éparpillées au hasard sur la frontière, sans chef ni plan, prises au dépourvu de tout, ont cependant prouvé qu'elles auraient fait des prodiges sous un général de talent. L'armée ennemie a eu la rare fortune d'être partout victorieuse. Le prestige de la victoire a dissimulé ses faiblesses. Aussi cette guerre a-t-elle paru renverser les principes incontestés jusqu'alors. Toute l'Europe prépare des armées immenses, et les Allemands eux-mêmes sont atteints au plus haut degré de la folie causée par leurs victoires.

Que sera la guerre future ? Comment pourra-t-on faire vivre et mouvoir ces peuples en armes ? Malheur aux vaincus ! Il est raisonnable de prévoir que le résultat des premières rencontres sera décisif. Avec ces masses humaines rassemblées la veille de la bataille, il est possible qu'on assiste, dès la première défaite grave, au sauve-qui-peut d'une nation et à des excès inconnus.

Nos vieilles vertus guerrières dorment, mais elles ne sont pas mortes ! Une armée maniable, rompue à la vie militaire, aurait beau jeu contre les multitudes ennemies !

Ne repoussons pas sans réflexion le doute terrible d'avoir fait fausse route ! Ne fuyons pas les amertumes salutaires ! Notre puissance militaire est en pleine décadence : ne l'abandonnons pas plus longtemps aux hasards de la politique !

La France peut encore revenir sur ses pas, mais il lui faut faire un effort sublime pour reconnaître son erreur. Un peuple libre ne doit pas suivre aveuglément la route où le Destin le pousse, qu'elle mène au triomphe ou à la ruine !

Septembre 1892.

FIN.

VERSAILLES, IMPRIMERIE CERF ET Cie, RUE DUPLESSIS, 59.